HENRY REGNIER

6 DÉCEMBRE 1893

DISCOURS PRONONCÉ AUX OBSÈQUES

PAR

M. HENRI ROUJON

Directeur des Beaux-Arts

HENRY REGNIER

6 DÉCEMBRE 1893

DISCOURS PRONONCÉ AUX OBSÈQUES

PAR

M. HENRI ROUJON

Directeur des Beaux-Arts

Messieurs,

M. le Ministre des Beaux-Arts venait à peine d'entrer en fonctions, lorsqu'il a appris, avec une émotion profonde, la mort soudaine d'Henry Regnier. Il a tenu à accompagner jusqu'à sa dernière demeure le fonctionnaire irréprochable sur lequel il croyait pouvoir compter d'avance. Mais en même temps, obéissant à un sentiment tout particulier de bienveillance, il a voulu me laisser le douloureux devoir d'exprimer, en son nom et au nom de l'Aministration des Beaux-Arts tout entière, les regrets qu'Henry Regnier laisse après lui.

Qu'il me permette de le remercier publiquement de cette généreuse et délicate pensée. Mieux que personne, il sait que je perds, non pas seulement un collaborateur précieux, un conseiller de tous les instants, mais ce bien inestimable entre tous : un ami éprouvé. Le deuil qui nous réunit trouverait facilement un interprète plus éloquent ; j'ose dire qu'il ne saurait en avoir de plus sincère et de plus ému. C'est avec une profonde douleur que j'adresse l'adieu suprême à l'homme excellent et charmant que la mort vient de ravir à l'affection de ses collègues, à l'estime de tous, à la tendresse des siens.

Messieurs, on a dit souvent — et c'est une grande et triste vérité — que la rupture de liaisons anciennes était une des amertumes les plus inévitables et les plus cruelles de la vie publique. Mais il arrive aussi parfois qu'une chance heureuse apporte le remède à

côté du mal et remplace les affections dispa-
rues par de nouvelles, plus durables et plus
sûres. Celui qui vous parle devait à Henry
Regnier ce bonheur trop rare. A l'épreuve
d'une collaboration quotidienne, notre cor-
diale camaraderie de la vingtième année
s'était changée en une amitié étroite et solide.
A tout le chagrin que me cause la rupture
subite de ces intimes et douces relations se
joint encore la pensée un peu amère d'avoir
beaucoup plus reçu que donné dans cet
échange, et d'avoir contracté, envers le cher
compagnon que je ne verrai plus, une dette
de gratitude que je ne puis plus acquitter
qu'avec des larmes...

Henry Regnier avait été voué dès l'enfance
au service des lettres. L'artiste éminent qui
fut son père lui avait prodigué de bonne heure
les préceptes et les exemples. Très jeune un
ministre illustre l'avait distingué et placé

près de sa personne. Cependant, après avoir
traversé l'administration départementale, il
était venu occuper dans les rangs de la Direction des Beaux-Arts, un poste modeste de
débutant. Il passa les plus belles années de
sa jeunesse au bureau des Théâtres, atten-
dant patiemment son heure, toujours prêt
aux tâches les plus ingrates, et ne s'acquit-
tant jamais mieux d'une besogne que quand
il la jugeait secrètement au-dessous de lui-
même. Il était de ceux qui estiment que le service de l'État ennoblit le serviteur et qu'il
n'est rien de plus beau que d'obéir, quand le
maître s'appelle l'intérêt public. Ce fut ainsi
qu'il conquit ses grades, un à un, sans nulle
intrigue, ne demandant jamais qu'à ses chefs
de témoigner pour lui. Jamais, à aucune des
étapes de sa carrière, on ne vit intervenir les
amitiés illustres qui firent l'honneur et le
charme de sa vie. Il eût souffert, dans sa di-

gnité ombrageuse, de leur adresser le moin-
dre appel; on sentait qu'il avait puisé au
foyer domestique ces principes de probité
scrupuleuse et de fierté professionnelle qu'il
considéra toujours comme la plus belle part
de cet héritage paternel qui faisait son orgueil.
Lorsque j'eus l'honneur d'arriver à la Direction des Beaux-Arts, je le trouvai simple
sous-chef, donnant l'exemple d'un fonctionnaire supérieur à la fonction qu'il remplit et
ne la remplissant qu'avec plus de dévoue-
ment et d'autorité. Les circonstances permi-
rent bientôt de le désigner pour un poste
plus conforme à ses aptitudes et plus digne
de son mérite. Le choix d'un ministre éclairé
s'arrêta sur lui; nous avions enfin la satisfac-
tion de pouvoir utiliser son expérience et son
zèle dans une charge, qu'on eût dit avoir été
inventée pour lui. Dans cette fonction, d'ail-
leurs modeste mais d'une importance capi-

tale, il put donner la vraie mesure de sa va-
leur ; il y réussit avec éclat. Son intelligence
si fine et si droite, la variété de ses connais-
sances, sa forte culture littéraire, la sûreté
parfois un peu âpre de son caractère, tout
l'y servait à souhait, depuis ses qualités so-
lides et brillantes jusqu'à ses nobles défauts.
Il aimait son métier de tout son cœur. Dans
les rares loisirs que lui laissaient ses devoirs
administratifs, il avait abordé la scène, et
non sans mérite ; mais obligé de donner à sa
vie une direction moins brillante il jouissait
des œuvres des autres avec le désintéresse-
ment le plus élevé. Avec quelle joie, joie de
lettré et de patriote, il prédisait ou constatait
un succès ! Comme il aimait à discerner les
talents naissants ! Combien cet esprit, si ca-
pable de sévérités raisonnées, se complaisait
dans l'éloge ! Ceux qui l'ont vu à l'œuvre le
savent peut-être aussi bien, mais non pas

mieux que moi. Habitué depuis sa naissance à chérir la gloire du théâtre, il prenait à toutes les choses de l'art dramatique un intérêt passionné ; il leur consacra jusqu'à ses dernières heures.

Avec une brusquerie, dont nous sommes stupéfaits et comme indignés, la mort vient d'interrompre la carrière d'Henry Regnier au moment où elle commençait à répondre à ses légitimes espérances et à ses trop modestes ambitions ! Laissez-moi répéter qu'il laisse parmi nous un vide qui sera comblé bien difficilement. A ceux qui avaient l'honneur d'être ses chefs il lègue, outre le chagrin d'être privé de ses services, l'embarras cruel de le remplacer.

Silencieux, concentré, méditatif, Henry Regnier a succombé à la maladie de ceux qui prennent la vie comme un combat et gardent pour eux-mêmes le secret de leurs luttes et

de leurs déboires. A la nouvelle foudroyante
de sa mort, ses amis se sont interrogés sans
comprendre. Nul d'entre nous ne le savait
profondément atteint ; jamais il ne parlait de
lui. Il nous avait longuement entretenus, ces
temps derniers, de la santé de sa vénérable
mère, qui lui avait donné quelques soucis; hier
encore, il nous parlait, avec allégresse, de son
heureuse guérison. Et par un jeu cruel du sort,
c'est elle aujourd'hui, à la fin d'une belle vie,
qui voit disparaître un de ces fils qui comblent
de joie les cœurs maternels. Laissez-moi,
Messieurs, déposer aux pieds de cette mère
inconsolable l'hommage de notre deuil. Puisse-
t-elle trouver dans l'unanimité de nos regrets,
non pas certes un adoucissement à un déses-
poir que rien ne saurait adoucir, mais une
raison plus douce de verser sur son fils bien-
aimé des larmes nouvelles !

Adieu, Henry Regnier ! tu fus un homme

de bien, un parfait serviteur de l'État. Ton souvenir sera pieusement conservé dans la vieille maison où chacun t'aimait.

Adieu, mon bien cher ami, adieu!

ÉVREUX, IMPRIMERIE DE CHARLES HÉRISSEY

26

www.ingramcontent.com/pod-product-compliance
Lightning Source LLC
Chambersburg PA
CBHW061558050726
47595CB00009B/3884